PORTER STREET
ELEMENTARY
728 Porter Street
Coquitlam BC

Stop au racisme

Emmanuel Vaillant

MILAN
jeunesse

© 2011 éditions Milan

300, rue Léon-Joulin, 31101 Toulouse Cedex 9 – France

Droits de traduction et de reproduction réservés pour tous les pays.

Toute reproduction, même partielle, de cet ouvrage est interdite.

Une copie ou reproduction par quelque procédé que ce soit,

photographie, microfilm, bande magnétique, disque ou autre,

constitue une contrefaçon passible des peines prévues par la loi

du 11 mars 1957 sur la protection des droits d'auteur.

Loi 49.956 du 16 juillet 1949 sur les publications destinées à la jeunesse.

Dépôt légal : 1er trimestre 2011

ISBN : 978-2-7459-4700-0

Imprimé en France par Pollina - L56735c

Sommaire

COMPRENDRE

SAVOIR

AGIR

POUR LES PLUS CURIEUX

Face au racisme

Histoires de racisme au quotidien

Un jour, Malika, une jeune femme d'origine africaine, se rend dans une agence immobilière pour chercher un appartement à louer. À peine est-elle arrivée que la personne qui la reçoit lui annonce qu'elle n'a aucun logement à lui proposer. Une heure plus tard, l'ami de Malika, qui, lui, a la peau blanche, se rend dans la même agence. D'emblée, on lui propose de visiter plusieurs appartements... Raouf a un père tunisien et une mère française. Au début de l'année, cet étudiant diplômé répond par courrier à une annonce d'emploi dans une banque. Sa candidature est refusée. Il a alors l'idée d'envoyer une autre lettre en changeant simplement son nom, à consonance arabe, pour utiliser celui de sa mère, qui sonne bien français. Quelques jours plus tard, il est convoqué à un entretien d'embauche...

Un combat qui nous concerne tous

Raciste, moi ? Jamais ! Aujourd'hui, rares sont ceux qui osent ouvertement s'avouer racistes. Ce n'est pas pour autant que le racisme n'existe plus. La peur de l'autre, de celui qui est différent, de celui que l'on ne connaît pas, est une réaction humaine qui est courante et peut concerner chacun d'entre nous. Il faut en avoir conscience pour mieux la cerner et la combattre. Car, après avoir traversé l'Histoire en faisant des millions de victimes dans tous les pays du monde, le racisme continue d'être la cause de blessures ou de meurtres d'innocents. Des innocents dont la seule « faute » serait d'être nés avec telle couleur de peau, dans tel pays, au sein de telle communauté, avec telle croyance religieuse... Les défendre en combattant toutes les formes que le racisme peut prendre, c'est défendre les droits de l'homme. Ce combat contre l'ignorance, la peur ou la bêtise, tu peux le mener avec ton intelligence et tes connaissances.

Un livre pour t'aider

Ce livre, qui est là pour t'aider à mieux comprendre un phénomène compliqué, se divise en trois parties. La première partie t'apporte des définitions et t'explique les fondements du racisme. La deuxième partie expose les différentes formes de racisme à travers l'Histoire et dans le monde. Enfin, la troisième partie te propose des pistes d'actions et quelques moyens pour combattre le racisme sous toutes ses formes.

Un mot sur des maux

Le racisme est une attitude de haine et de rejet de l'autre, de celui qui est différent de soi. Il s'exprime par des mots mais aussi par des actes de violence.

Racisme = rejet de la différence

Le racisme est un comportement qui consiste à mépriser une personne ayant des caractéristiques physiques ou culturelles que l'on juge différentes des siennes. Que ce soit la couleur de peau, la langue parlée, la religion, l'origine géographique ou le mode de vie, tout ce qui paraît différent est susceptible de provoquer une telle réaction de rejet.

Les cimetières juifs sont régulièrement la cible de profanations à caractère raciste.

L'ignorance à la source du racisme

Si les attitudes racistes se rencontrent dans toutes les sociétés, elles ne sont pas spontanées. Les enfants, à leur plus jeune âge, ne jugent pas leurs copains à la couleur de leur peau. C'est en entendant les adultes leur raconter, par exemple, que ceux qui ont la peau blanche sont « supérieurs » à ceux qui ont la peau noire qu'ils finissent par croire à cette idée absurde. L'écrivain Tahar Ben Jelloun, auteur du *Racisme expliqué à ma fille*, affirme : « On ne naît pas raciste. On le devient. Par peur, par ignorance ou par bêtise. »

En 2006, à la suite de l'assassinat d'un jeune homme pour la seule raison qu'il était juif, 10 000 personnes ont manifesté dans les rues de Paris contre le racisme et l'antisémitisme.

Un racisme ou des racismes ?

Racisme « anti-jeunes », racisme « anti-femmes », racisme « anti-homosexuels »…, a priori le terme de « racisme » est utilisé dans des situations très variées pour désigner ceux qui rejettent telle ou telle catégorie de personnes. Mais si toutes ces attitudes de mépris sont évidemment à condamner avec la plus grande force, parler dans tous les cas de « racisme » n'est pas forcément approprié.

Nommer pour mieux comprendre

En abusant de ce terme, on risque de le banaliser. C'est pourquoi le racisme, au sens de rejet des différences physiques et culturelles, la **xénophobie** ou encore l'**antisémitisme** sont des phénomènes particuliers et graves qu'il faut définir avec précision pour mieux lutter contre eux.

Les Français s'estiment de moins en moins racistes

D'après le dernier rapport (en 2009) de la Commission nationale consultative des droits de l'homme, qui mesure l'état du racisme en France, 3 % des Français s'avouent « plutôt racistes » (contre 10 % en 1998), 19 % « un peu racistes » (contre 28 %), 22 % « pas très racistes » (contre 24 %) et 54 % « pas racistes du tout » (contre 36 % dix ans plus tôt).

Dico

Antisémitisme : du terme « sémite », qui reconnaît une origine commune aux Arabes et aux Juifs et qui, par abus de langage, définit un racisme dirigé contre toute personne d'origine juive.

Xénophobie : du grec xénos pour « étranger » et phobos pour « peur », ce mot désigne tout comportement de haine vis-à-vis des étrangers.

Tous différents, tous égaux

Si le racisme existe, les races, elles, n'existent pas.
Ni supérieur, ni inférieur, chaque individu est un être
humain unique et égal aux autres.

Couverture d'un
des plus anciens
journaux de France,
Le Petit Journal
(28 juillet 1907).

L'invention des « races »

La notion de « race » est née de l'idée que les êtres humains se rangeaient en plusieurs catégories selon leur apparence physique, notamment selon la couleur de leur peau. Aux XVIIIe et XIXe siècles, on estimait que, comme on classe chaque espèce animale en plusieurs races (par exemple, pour l'espèce canine : le berger allemand, le caniche, etc.), l'espèce humaine se divisait aussi en races : africaine, asiatique, européenne, etc. Cette classification allait servir à justifier une prétendue supériorité des Européens.

Une idée fausse

Les progrès de la science montrent que les êtres humains sont en fait le résultat de très nombreux **métissages** depuis des milliers d'années. Il est donc impossible de distinguer des « races pures », c'est-à-dire des individus qui se seraient toujours

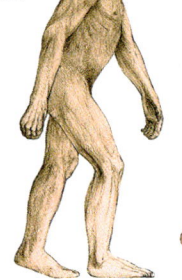

reproduits entre eux. Noirs, blancs ou jaunes, nous avons les mêmes groupes sanguins, les mêmes gènes.

Un seul genre humain, différentes cultures

Les êtres humains sur la planète forment une seule communauté : le genre humain. Il n'existe entre les peuples que des différences sociales et culturelles. Parce que notre manière de vivre est influencée par notre environnement quotidien, nous sommes bien plus différents par notre éducation que par nos gènes.

Les hommes, tous égaux entre eux

Les racistes essaient de faire croire qu'il existerait des différences si fortes entre les hommes que certains seraient supérieurs aux autres. C'est archifaux. Le propre de chaque être humain, c'est d'être à la fois différent de ses voisins (par son physique, son caractère, ses capacités, etc.) et en même temps égal à tous, c'est-à-dire avec les mêmes droits à vivre sur Terre.

Gravure représentant l'évolution de l'homme : chimpanzé, australopithèque, *Homo habilis*, *Homo erectus*, homme de Neandertal, « homme moderne ».

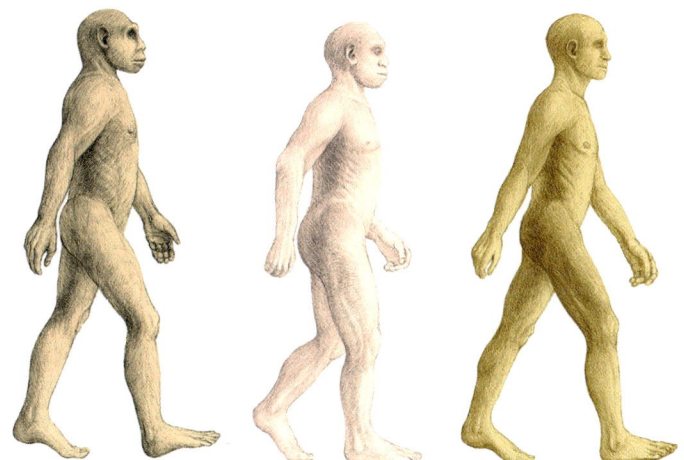

🖑 Une seule espèce : l'espèce humaine

Une espèce est par définition un groupe d'individus issus d'ancêtres communs. Or, si tous les hommes sont différents, ils ont tous la même origine et le même ancêtre : Homo sapiens.

🖑 Yeux marron ou yeux bleus ?

Que penserait-on de quelqu'un qui dirait que les hommes ayant les yeux bleus sont plus intelligents que ceux qui ont les yeux marron ? C'est pourtant ce que font ceux qui parlent de races supérieures liées à la couleur de la peau.

DICO

Métissage : mélange de populations de différentes origines nationales ou géographiques.

Des « sauvages » aux esclaves

Le racisme est aussi vieux que l'humanité. Mais contre les Indiens d'Amérique, puis contre les Africains, il est devenu un système de domination organisé par le pouvoir des « Blancs ».

Un épisode sanglant des guerres indiennes : le massacre de Little Big Horn en 1876.

Une histoire qui date

Dès la préhistoire, des populations se sont opposées simplement parce qu'elles n'appartenaient pas à la même région ou au même clan. Dans l'Égypte des pharaons, les peuples du sud de l'Afrique sont traités comme des esclaves. Plus tard, les empires grec et romain organisent des marchés aux esclaves.

Les Indiens exterminés

En 1492, avec la découverte de l'Amérique par Christophe Colomb, le racisme s'applique à des populations entières. En débarquant dans le Nouveau Monde, les conquistadors espagnols découvrent des êtres humains qui leur étaient jusqu'alors inconnus : les Indiens. Ces

« sauvages » sont vite considérés comme des « esclaves par nature ». Seuls 50 000 Indiens sur un million étaient encore en vie après trois siècles de conquêtes.

Morts ou esclaves

À partir du XVIᵉ siècle, en Amérique du Nord, les Anglais et les Français s'imposent à leur tour par la force face aux peuples indiens. Leur proverbe est : « Un bon Indien est un Indien mort. » Puis c'est en Afrique que les puissances européennes mettent au point la plus effroyable entreprise raciste : la traite des Noirs.

Des hommes comme des marchandises

À partir du XVIIᵉ siècle, les Africains sont déportés en Amérique. Plus de 10 millions d'Africains sont ainsi capturés et embarqués de force à bord de navires **négriers**. Considérés comme des « êtres de race inférieure », ils sont vendus à des exploitations agricoles pour cultiver le tabac, le coton ou la canne à sucre et servir les « Blancs ». C'est après plusieurs révoltes et grâce au courage d'hommes politiques comme Victor Schœlcher que l'esclavage est enfin aboli dans les colonies françaises en 1848. Aux États-Unis, il faudra attendre 1865, la fin de la guerre de Sécession, pour qu'il soit interdit.

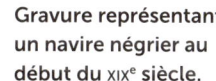

L'esclavage existe encore de nos jours !
Bien que l'esclavage soit aboli depuis le XIXᵉ siècle et interdit par de nombreux textes internationaux, il y aurait actuellement, selon l'Organisation des nations unies, environ 27 millions de personnes vivant en situation d'esclavage dans le monde, notamment en Afrique et au Moyen-Orient.

Gravure représentant un navire négrier au début du XIXᵉ siècle.

Dico
Négrier : celui qui organise le commerce des Noirs d'Afrique vers l'Amérique ou toute autre région.

Au temps des colonies

Malgré la révolution française de 1789, qui proclame l'égalité et la liberté de tous les hommes, la colonisation européenne, au XIXᵉ siècle, ouvre une nouvelle page du racisme organisé.

L'Europe à la conquête du monde

À partir du milieu du XIXᵉ siècle, les pays européens, dont la France, connaissent un formidable développement industriel. Forts de leur puissance économique et militaire, ces pays étendent leur pouvoir sur le reste du monde. Ils conquièrent de nouveaux territoires. C'est le début de la colonisation en Afrique, en Asie, au Proche-Orient et en Océanie.

Exhibition de danseurs africains lors de l'Exposition coloniale à Paris en janvier 1931.

« Civiliser » pour dominer

Dans chaque pays conquis devenu une **colonie**, les Européens blancs accaparent presque toutes les richesses et tous les pouvoirs. Ils gouvernent. Ils commandent la police et l'armée. Ils sont propriétaires des entreprises et des exploitations agricoles. Si certains habitants des colonies peuvent profiter de l'école et de meilleurs soins, ils n'ont presque aucun droit, sous prétexte qu'ils seraient « inférieurs et non civilisés ».

 **Morts pour la France**

Pendant les deux guerres mondiales, des centaines de milliers d'hommes recrutés dans les colonies, notamment en Afrique et en Asie, se sont battus dans les rangs de l'armée française.

Le mythe du « bon sauvage »

La culture, les coutumes et la religion des peuples colonisés sont méprisées par les Européens, qui s'estiment supérieurs. Les indigènes, qui sont les habitants de ces colonies, sont considérés comme de « bons sauvages », c'est-à-dire comme des gens un peu naïfs et sans instruction, à qui il faut tout apprendre.

Des membres du Front de libération nationale durant la guerre d'Algérie.

Les peuples colonisés se révoltent

Après la Seconde Guerre mondiale (1939-1945), les populations s'organisent en mouvements politiques pour exiger leur liberté et leur indépendance. Des guerres éclatent. La France, par exemple, se bat pendant 17 ans pour conserver ses colonies. Finalement, de l'Indochine à l'Algérie, toutes les colonies françaises obtiendront leur indépendance au prix de centaines de milliers de morts.

 Dico

Colonie : territoire placé sous la domination d'un pays étranger.

17

Antisémitisme et terreur nazie

Le racisme est un phénomène qui se rencontre dans tous les pays du monde. D'hier à aujourd'hui, il est la cause d'injustices, de violences et de guerres.

L'antisémitisme, une haine des Juifs

Accusés d'être prétendument responsables de la mort de Jésus, il y a plus de 2 000 ans, les Juifs ont subi des persécutions tout au long de l'Histoire. Exclus de la société, victimes d'injustices, ils n'avaient pas le droit de posséder de terres, ni d'être artisans. Seules les activités du commerce et de la banque leur étaient permises, car les chrétiens les jugeaient dégradantes. De là est née l'image du Juif qui abuse de l'argent. Cette caricature, parmi d'autres, va nourrir l'antisémitisme.

La une du journal *L'Aurore* du 13 janvier 1898. L'article « J'accuse » écrit par Émile Zola dénonce les manipulations qui ont eu lieu autour du procès d'Alfred Dreyfus.

Des populations persécutées

Au début du XXᵉ siècle, en France, la haine des Juifs divise les Français au moment de l'affaire Dreyfus : un officier juif accusé à tort d'espionnage, emprisonné et finalement innocenté grâce à l'intervention, entre autres, de l'écrivain Émile Zola. En Allemagne, avec l'arrivée au pouvoir d'Adolf Hitler et de son parti **nazi** en 1933, l'antisémitisme révèle toute son horreur.

Pendant la Seconde Guerre mondiale, les Juifs avaient l'obligation de porter une étoile jaune cousue sur leurs vêtements pour être plus facilement repérés et arrêtés.

Les nazis contre la « race juive »

Pour le régime nazi de Hitler, les Juifs sont considérés comme une « race inférieure » qui n'a pas le droit de vivre. Des lois antijuives sont adoptées en Allemagne mais aussi en Italie et, en France, par le **gouvernement de Vichy**. Les Juifs perdent tous leurs droits. Leurs biens sont confisqués. Ils sont victimes de toutes sortes de brimades.

Six millions de Juifs assassinés

En 1939, les nazis ont conquis une large partie de l'Europe. Ils engagent une politique de déportation et d'extermination. C'est le début d'un **génocide** qui fera plus de 6 millions de morts. Les Juifs, ainsi que les Tsiganes, sont systématiquement assassinés en étant gazés dans des camps d'extermination, notamment à Auschwitz. À la fin de la guerre, en 1945, les responsables de ces crimes contre l'humanité sont jugés au procès de Nuremberg.

DICO

Génocide : meurtre prémédité et organisé à très grande échelle d'un ensemble d'individus à cause de leur religion (le génocide des Juifs) ou d'une appartenance à une communauté (le génocide des Arméniens en Turquie ou des Tutsis au Rwanda).

Gouvernement de Vichy : désigne le gouvernement français dirigé par le maréchal Pétain pendant la Seconde Guerre mondiale, qui a collaboré avec le régime nazi en adoptant notamment des lois racistes contre les Juifs.

Nazisme (national-socialisme) : système politique mis en place par Adolf Hitler, qui croyait en la supériorité de la race allemande. Il a eu pour conséquence l'assassinat de plus de 6 millions de personnes, dont 5,7 millions de Juifs.

Un phénomène sans frontières

Le racisme est un phénomène qui se rencontre dans tous les pays du monde. D'hier à aujourd'hui, il est la cause d'injustices, de violences et de guerres.

Des membres du Ku Klux Klan, vêtus de leurs costumes emblématiques de célébration.

Racisme « made in USA »

Aux États-Unis, malgré l'abolition de l'esclavage en 1865, les Noirs doivent lutter pour en finir avec les injustices dont ils sont victimes. Dans les années 1960, Martin Luther King, un pasteur noir, défend leurs droits et leur liberté par la non-violence. Si, aujourd'hui, les Noirs ont une place reconnue dans la société américaine, ils souffrent encore d'inégalités sociales. Ainsi, des organisations racistes ultraviolentes comme le **Ku Klux Klan** ont toujours une influence dangereuse.

L'apartheid en Afrique du Sud

L'Afrique n'a pas été épargnée par le racisme. En Afrique du Sud, pour dominer et exploiter la population noire majoritaire, la minorité des Blancs avait instauré, depuis 1948, un système de dictature raciste : l'**apartheid**. Il a été aboli en 1991, notamment grâce au combat de Nelson Mandela, qui a passé 28 ans en prison avant d'être élu président de ce pays.

De la haine à la guerre

Au Rwanda, pays d'Afrique, deux **ethnies** cohabitaient : les Hutus, majoritaires, et les Tutsis, minoritaires. Les conflits entre ces deux communautés débutent avec la colonisation et se poursuivent après l'indépendance (1962). En 1994, ils dégénèrent

Ce camp a été créé au nord du Burundi pour accueillir les réfugiés tutsis fuyant le Rwanda lors de la guerre civile interethnique (1994).

en massacres : plus de 800 000 Tutsis sont assassinés en trois mois. C'est le troisième **génocide** officiellement reconnu par la communauté internationale.

Purification ethnique en Europe et en Afrique

En 1991, une guerre éclate en Yougoslavie entre les peuples (Serbes, Croates, Bosniaques...) qui composaient ce pays aujourd'hui divisé en États indépendants. Une « **purification ethnique** » est notamment menée par les nationalistes serbes, qui chassent de leurs territoires les populations qui ne sont pas serbes. Ce conflit est stoppé par l'intervention de forces armées internationales. Plus récemment, depuis 2003, dans la région du Darfour, en Afrique, des ethnies « arabes » soutenues par le gouvernement du Soudan persécutent des tribus « noires ». Cette guerre civile trouve ses origines dans des haines raciales, mêlées à des enjeux économiques et politiques. C'est un génocide qui a déjà fait 300 000 morts et 2,3 millions de personnes déplacées.

DICO

Apartheid : de l'anglais signifiant « séparation », l'apartheid est le système politique instauré en Afrique du Sud par les Blancs contre les Noirs entre 1948 et 1991.

Ethnie : ensemble d'individus réunis par un certain nombre de caractères culturels communs.

Génocide : voir définition p. 19.

Ku Klux Klan : société secrète raciste fondée en 1865 aux États-Unis.

Purification ethnique : politique qui consiste à chasser par la force les différentes communautés vivant sur un territoire pour n'en garder qu'une seule.

De l'immigration au racisme en France

Tout au long de l'Histoire, les étrangers ont enrichi la société française. Mais ces mouvements d'immigration, qui se sont accélérés au XXe siècle, ont souvent provoqué des réactions de rejet de la part des Français.

Deux ouvriers nord-africains travaillent dans les rues de Paris en 1954.

Les premiers travailleurs immigrés

Lorsque, à partir du milieu du XIXe siècle, la France s'industrialise, les entreprises ont un grand besoin de main-d'œuvre. Elles recrutent des ouvriers belges, italiens, puis polonais et espagnols pour travailler dans les mines et dans les usines. Mais les Français, qui craignent de perdre leur travail, ne voient pas d'un bon œil l'arrivée de ces travailleurs **immigrés** européens. Les Italiens sont traités de « sales Ritals », les Polonais de « Polaks »...

Près de 2 millions d'**étrangers** recrutés en 30 ans

Après la fin de la Seconde Guerre mondiale, le pays se reconstruit et a encore besoin de bras. Travailleurs italiens, espagnols, puis portugais sont de nouveau incités à venir en France. Dans les années 1960, ce mouvement d'immigration s'accélère. Cette fois, les entreprises font massivement

appel à des ouvriers recrutés dans les anciennes **colonies** du Maghreb (Algérie, Maroc, Tunisie), puis en Afrique noire (Mali, Côte-d'Ivoire, Zaïre).

Misères sociales et racisme ordinaire

À partir de 1974, l'immigration française est officiellement suspendue. Seules les familles des travailleurs immigrés sont autorisées à venir s'installer. Les Maghrébins, en France, vivent souvent dans des conditions misérables, avec de faibles salaires. Nombre d'entre eux logent dans des bidonvilles. Et, alors qu'ils commencent à s'intégrer dans la société française, la crise économique qui frappe le pays alimente des mouvements de xénophobie.

Immigrés = boucs émissaires

Les immigrés, surtout du Maghreb et d'Afrique noire, sont jugés responsables des problèmes de la société : chômage, violence, insécurité, etc. Des partis politiques, dont le Front national, se servent de l'immigration pour développer un **chauvinisme** et une haine des étrangers. Aujourd'hui, ce sont les enfants d'immigrés, nés en France, donc français, qui sont victimes du racisme.

Racisme ordinaire
Les immigrés subissent souvent des insultes et des menaces racistes. Même nés en France, les jeunes d'origine étrangère ont plus de difficultés à trouver du travail que les jeunes de parents français.

DICO

Bouc émissaire : personne ou groupe de personnes que l'on rend responsable de toutes les fautes.

Chauvinisme : admiration exagérée pour son pays au point de rejeter tous ceux qui n'en sont pas originaires.

Colonie : voir définition p. 17.

Étranger : personne vivant dans un pays dont elle n'a pas la nationalité.

Immigré : personne vivant hors du pays où elle est née. Ce sont par exemple les Maghrébins venus travailler et vivre en France. Leurs enfants ne sont pas immigrés quand ils sont nés en France.

Manifestation de sympathisants du Front national.

Les différentes ségrégations

En fonction d'une couleur de peau, d'une origine géographique, d'une croyance religieuse ou d'une appartenance à un groupe humain en particulier, les ségrégations marquent l'histoire des hommes, d'hier à aujourd'hui.

L'esclavage, un racisme organisé et systématique
Déportés par millions comme esclaves vers l'Amérique, les Noirs d'Afrique ont longtemps été considérés comme des sous-hommes.

Le génocide des Juifs
L'antisémitisme, qui est un racisme spécifique envers les Juifs, a fait près de 6 millions de victimes durant la Seconde Guerre mondiale.

Le racisme aux couleurs du nationalisme
Dans des régions d'Europe de l'Est et d'ex-URSS où s'imbriquent différentes populations, comme en ex-Yougoslavie ou en Tchétchénie, des populations ont été victimes du nationalisme. Elles ont dû abandonner leur terre d'origine à ceux qui leur refusaient le droit de vivre.

Le racisme derrière des enjeux économiques et politiques
La guerre civile au Darfour, qui se poursuit depuis 2003 malgré la présence de forces militaires des Nations unies, a de multiples causes. Les haines raciales masquent des enjeux économiques et politiques qui visent à chasser des populations et contrôler un territoire.

Des **mots** contre le racisme

« Nul ne peut être lésé, dans son travail ou son emploi, en raison de ses origines, de ses opinions ou de ses croyances. »

Constitution française

La « France se nomme diversité ».

Fernand Braudel

« C'est l'ignorance qui alimente la peur [...]. Regarde par exemple nos voisins de l'immeuble. Ils se sont longtemps méfiés de nous, jusqu'au jour où nous les avons invités à manger un couscous. C'est à ce moment-là qu'ils se sont rendu compte que nous vivions comme eux. À leurs yeux nous avons cessé de paraître dangereux, bien que nous soyons originaires d'un autre pays... »

Tahar Ben Jelloun

« Tout le monde vient d'ailleurs, ce qui n'empêche qu'il ne soit chez lui ici. Il n'y a pas d'étranger et nous le sommes tous. Ici est partout, il n'y a que des Ici. »

Michel Serres

« Le combat contre le racisme engage à la fois le cœur et la raison. Il consiste d'abord à reconnaître les autres comme nos égaux avec leurs qualités et leurs défauts, leurs droits et leurs devoirs. »

Georges Jean

« Le racisme commence par la généralisation. C'est-à-dire la bêtise. »

Christiane Collange

26

Des **dates**... des **actes**

1789 : Déclaration des droits de l'homme et du citoyen.

1807 : en Angleterre, la traite des Noirs est interdite.

1833 : en Angleterre, proclamation de l'émancipation générale des Noirs.

1848 : vote de la loi abolissant l'esclavage dans les colonies françaises.

1865 : abolition de l'esclavage aux États-Unis.

1881 : adoption, en France, de la première loi permettant de lutter contre les actes racistes.

1898 : publication, dans le cadre de l'affaire Dreyfus, de l'article « J'accuse » d'Émile Zola.

1906 : réhabilitation d'Alfred Dreyfus, accusé à tort d'espionnage.

1945 : à la suite du procès de Nuremberg, les génocides et les crimes contre l'humanité sont désormais punis.

1948 : Déclaration universelle des droits de l'homme, texte adopté par l'Assemblée générale des Nations unies et signé par tous les pays européens.

1950 : signature de la Convention européenne de sauvegarde des droits de l'homme et des libertés fondamentales, ratifiée par la France en 1974.

1958 : la Constitution française de la Ve République dit que « tout homme persécuté en raison de son action en faveur de la liberté a droit d'asile sur les territoires de la République ».

1961 : création de l'organisation Amnesty International.

1964 : le prix Nobel de la paix est décerné au pasteur noir américain Martin Luther King.

1966 : la date du 21 mars est promue, par l'ONU, Journée internationale contre le racisme.

1972 : la loi Pléven sanctionne la provocation à la haine, la diffamation et l'injure raciale.

1974 : création de l'association SOS Racisme.

1990 : la loi Gayssot réprime plus sévèrement tout acte raciste, antisémite ou xénophobe.

1991 : abolition de l'apartheid en Afrique du Sud après la libération de Nelson Mandela.

1997 : l'Europe se dote d'un Observatoire européen des phénomènes racistes et xénophobes.

2000 : la date du 16 juillet est promue Journée nationale à la mémoire des victimes des crimes racistes et antisémites de l'État français et d'hommage aux « Justes » de France.

2004 : création de la Haute autorité de lutte contre les discriminations et pour l'égalité (HALDE).

Faire **respecter** le droit

La lutte contre le racisme n'est pas une affaire de bons sentiments. Elle se mène avec les armes du droit. Seulement, si la loi est stricte, elle est souvent difficile à faire appliquer.

Ce que dit la loi

Le racisme n'est pas une opinion. C'est un délit ou un crime. En France, un texte de loi datant de 1972 et renforcé en 1990 punit « toute provocation à la **discrimination**, à la haine ou à la violence à l'égard d'une personne ou d'un groupe de personnes en raison de leur origine ou de leur appartenance, ou de leur non-appartenance, à une **ethnie**, une race ou une religion déterminées ».

La discrimination à l'embauche pour des motifs racistes est interdite et passible d'une peine de prison.

Des condamnations pour chaque délit raciste

La loi condamne les actes mais aussi les propos racistes. Par exemple, les discours publics et les écrits (livres ou articles de journaux) ouvertement racistes sont interdits. Par ailleurs, une entreprise ou une administration n'a pas le droit de refuser d'embaucher une personne en raison de ses origines ou de sa couleur de peau.

Des sanctions sévères...

Chacun de ces comportements racistes peut être sévèrement réprimé. Par exemple, prononcer des injures ou avoir une attitude raciste peut coûter jusqu'à un an de prison et 50 000 euros d'amende. Faire de la discrimination à l'entrée d'un lieu public (bar, restaurant, discothèque...) ou à l'embauche peut entraîner au maximum jusqu'à deux ans de prison et une amende de 30 000 euros.

... et plus souvent appliquées

Depuis une dizaine d'années, les actes et les menaces racistes et antisémites ont nettement augmenté. Ils sont aussi plus souvent et plus sévèrement condamnés par la justice. Les victimes sont mieux protégées car elles n'ont pas à apporter la preuve formelle qu'elles ont subi des violences ou des propos racistes. C'est au juge de trancher s'il y a eu ou non une parole ou un acte raciste. En 2008, près de 1 500 condamnations pour des infractions liées au racisme, à l'antisémitisme et aux discriminations ont été prononcées par les tribunaux, contre environ 300 en 1998. Si quelqu'un de ton entourage ou toi-même est victime, ou simplement témoin, d'une discrimination raciste, sache que la Halde (Haute autorité de lutte contre les discriminations et pour l'égalité) met à disposition un service d'aide et de conseils qui est accessible par téléphone au 08 1000 5000.

Une atteinte aux droits de l'homme

Selon l'Organisation des nations unies, la discrimination entre les êtres humains pour les motifs de race, de couleur ou d'origine ethnique est « une offense à la dignité humaine et doit être condamnée comme une violation des droits de l'homme et des libertés fondamentales ».

Dico

Discrimination : action de distinguer une population, en particulier en la séparant des autres et en la traitant plus mal.

Ethnie : voir définition p. 21.

Lutter contre les préjugés

L'ignorance est à la source du racisme. À toutes les sortes de **préjugés** qui entretiennent la haine des **étrangers**, il faut opposer des arguments clairs et précis. En voici quelques exemples.

Les étrangers envahissent la France ?

Faux. Aujourd'hui, environ 3,1 millions d'étrangers vivent régulièrement en France. La proportion d'étrangers par rapport à l'ensemble de la population française est d'environ 5,1 %, autant qu'en 1930 !

Les étrangers coûtent cher ?

Faux. Comme les Français, les étrangers paient des impôts et cotisent à la Sécurité sociale. Aussi, en vivant en France, ils participent comme tout le monde au fonctionnement de l'économie.

Les étrangers prennent le travail des Français ?

Faux. Une grande partie des étrangers qui travaillent en France occupent des emplois dont les Français ne voudraient pas forcément. De plus, les étrangers créent eux-mêmes des emplois dans le commerce et les services.

Les étrangers font baisser le niveau à l'école ?

Faux. Les chances de réussite scolaire sont les mêmes pour tous ceux qui ont le même niveau social. Ce n'est pas le fait d'être étranger qui explique que l'on a des problèmes à l'école, mais ce sont la pauvreté et la misère.

Les étrangers ne peuvent pas s'intégrer en France ?

Faux. Déjà, à l'époque où les premiers étrangers étaient italiens, belges ou polonais, on disait qu'ils étaient trop différents des Français pour s'intégrer. Aujourd'hui, les Maghrébins ou les Africains subissent les mêmes reproches, alors qu'au fil des années ils se mêlent aux modes de vie de la société française.

Les étrangers sont responsables de la violence et de l'insécurité ?

Faux. Comme pour les problèmes à l'école, la délinquance s'explique avant tout par des problèmes sociaux : le chômage, le manque d'argent, les déséquilibres psychologiques... Tout cela n'a rien à voir avec le fait d'être étranger ou non.

Les préjugés ci-dessus sont autant d'idées défendues par le Front national, dont le visage emblématique est celui de Jean-Marie Le Pen.

Attention aussi aux préjugés antiracistes !
Sous prétexte de lutter contre le racisme, certains sont tentés de caricaturer les étrangers dans un sens qu'ils prétendent positif. Ils diront, par exemple, que « les Noirs courent plus vite que les Blancs » ou que « les Africains ont le sens du rythme »... Ce sont là des généralisations fausses.

DICO

Étranger : voir définition p. 23.

Préjugé : idée toute faite, sans réfléchir.

Comprendre les différences

Face à ceux qui voient une menace dans tout ce qui est différent, la lutte contre le racisme passe par une meilleure compréhension de ce qui nous rend uniques et différents des autres.

Des différences caricaturées

Les racistes ont une vision du monde très simpliste. Ils caricaturent chaque groupe humain à partir de différences apparentes : une façon de parler, de s'habiller, de pratiquer une religion, etc., et ils les enferment dans des images toutes faites. Ils diront, par exemple, qu'un Maghrébin qui pratique la religion musulmane n'a rien à voir avec la société française, qui, elle, a une tradition chrétienne. Comme si on ne pouvait pas être à la fois musulman et français...

La peur du métissage

« Chacun chez soi », disent les racistes. Ils pensent que le **métissage** est dangereux car les **étrangers** auraient des modes de vie absolument incompatibles avec la société française. Ils oublient que la culture, notamment française, est le résultat de très nombreux apports des étrangers au cours des siècles. Et aussi que les êtres humains ne se définissent pas simplement par une seule culture.

Des cultures en mouvement

Bien sûr, chaque être humain est influencé par la culture de son pays d'origine. Par exemple, les Africains ont des manières de vivre différentes de celles des Français.

Mariage républicain dans une famille originaire d'Afrique du Nord.

Mais ces cultures ne sont jamais figées. Les frontières qui distinguaient les peuples par des façons de vivre particulières existent de moins en moins. Chacun se nourrit des rencontres avec les autres. Aucune société ne peut survivre sans influencer ses voisines, et réciproquement.

Des références multiples
Échanger avec les autres ne veut pas dire perdre sa personnalité. Un jeune né français de parents algériens peut à la fois parler l'arabe et le français, adorer le couscous et les hamburgers, regarder des films américains et écouter du rap… Bref, comme pour tout le monde, ses centres d'intérêt sont variés et ses références culturelles sont diverses.

Gare aux généralités !
Dire : « Les Arabes sont voleurs », « Les Africains sont paresseux », « Les Chinois sont égoïstes » ou « Les Français sont prétentieux », c'est émettre des généralités racistes. Car on se sert de clichés sur une communauté au lieu de juger une personne sur sa personnalité.

DICO

Étranger : voir définition p. 23.

Métissage : voir définition p. 13.

Savoir vivre ensemble

Pour apprendre à vivre en société dans le simple respect de l'autre, de celui qui est différent de soi, la lutte contre le racisme doit être un réflexe quotidien.

Refuser la fatalité

À voir ses millions de victimes au cours de l'Histoire, on pourrait se dire que le racisme est le propre de l'homme et que l'on ne peut rien y faire. Or combattre ce mal est une nécessité. Car chaque être humain a le droit de vivre sur Terre, quelle que soit sa couleur de peau ou sa nationalité. Et on ne sait jamais jusqu'où peut aller l'intolérance. Elle touche aujourd'hui les Noirs ou les Arabes. Pourquoi pas demain les jeunes, les personnes handicapées ou les personnes âgées ?

Ne jamais oublier

Contre l'intolérance, l'éducation est une arme efficace. Elle permet de comprendre les différences et de ne pas oublier les conséquences horribles du racisme, notamment l'esclavage, le **génocide** de populations (les Juifs, les Tsiganes, les Kurdes...), les guerres ethniques qui se déroulent toujours de nos jours ou bien les **discriminations** qui se produisent encore en France.

Défendre une certaine idée de l'humanité

Vivre avec des gens différents de soi est une expérience quotidienne parfois difficile. Il est plus facile de rejeter a priori ceux que l'on ne comprend pas pour s'enfermer dans son monde que de partir à la découverte des autres. Lutter contre le racisme est alors une forme de résistance courageuse. C'est une lutte à mener par chacun, chaque jour, partout, à l'école, dans la rue, en famille, etc.

Une question de respect

Mais être contre le racisme ne veut pas dire qu'il faut aimer tout le monde. Ce serait illusoire et naïf. Cela veut simplement dire que l'on ne doit pas juger sans connaître. L'antiracisme, c'est être capable de respecter chacun en tant qu'être humain avec ses qualités individuelles mais aussi avec ses défauts. « Quand on frappe un juif, c'est l'humanité que l'on jette à terre », affirmait l'écrivain Franz Kafka. Autant dire que c'est en se mettant dans la peau de ceux qui vivent au quotidien la discrimination que l'on peut comprendre ce que signifient les souffrances du racisme.

Une main et un slogan pour symboliser l'association SOS Racisme créée en 1984.

Un jour contre le racisme... et tous les jours contre le racisme

Chaque année, le 21 mars, premier jour du printemps, est consacré par l'Organisation des Nations unies (ONU) Journée internationale contre le racisme.
Il existe en France de nombreuses associations qui défendent le droit des étrangers et qui luttent contre toutes les formes de racisme. Ce sont notamment *SOS Racisme* et le *MRAP* (Mouvement contre le racisme et pour l'amitié entre les peuples).

DICO

Discrimination : voir définition p. 29.

Génocide : voir définition p. 19.

35

Témoignages

Quelle est ta définition du racisme ?

« Pour moi, le racisme, c'est se moquer ou insulter des personnes qui n'ont pas la même couleur de peau ou pas la même religion. »

« Les racistes, ce sont des gens qui ont peur de ceux qui ne sont pas pareils qu'eux. »

« Le racisme, c'est ne pas aimer les gens qui viennent d'autres pays et d'autres cultures. »

« Le racisme, c'est quand quelqu'un ne supporte pas quelqu'un qui est différent de lui. »

« Être raciste, c'est avoir peur des autres, de ceux qui ne nous ressemblent pas (par exemple à cause de la couleur de peau) et qu'on ne veut même pas connaître. »

Quelle solution peux-tu imagine

« À l'école, on en parle. C'est important de continuer à bien expliquer, de donner des exemples, de raconter aussi ce qui s'est passé dans l'Histoire, de parler des gens qui ont été victimes du racisme, certains qui sont même morts. »

« Il faudrait punir les gens racistes. Une amende très forte, comme ça ils comprendraient. »

Sources : témoignages de garçons et de filles âgés de 10 à 13 an

As-tu des exemples d'actes ou de paroles racistes ?

« À la télé, j'ai entendu un monsieur qui a dit : *Je me suis mis à travailler comme un nègre. Je ne sais pas si les nègres ont toujours tellement travaillé, mais enfin...* » Nègre, c'est un mot raciste pour parler des Noirs. Et, en plus, il fait croire que les Noirs travaillent moins que des gens qui ont une autre couleur de peau... »

« Un jour, un ministre a dit en parlant des Arabes : *"Quand il y en a un, ça va. C'est quand il y en a beaucoup qu'il y a des problèmes..."* Il a été condamné parce que c'est une injure raciste. »

« Mes grands-parents m'ont raconté que, pendant la Seconde Guerre mondiale, quand ils étaient enfants, ils ont été obligés de se cacher pour ne pas être arrêtés et envoyés dans des camps de concentration. Tout ça parce qu'ils sont juifs. »

...our lutter contre le racisme ?

« Pour arrêter le racisme, il faudrait arrêter de dire qu'il y a des races différentes. »

« Dès qu'on entend quelqu'un de raciste, il faudrait oser lui parler, lui expliquer que ce qu'il dit est méchant, lui faire comprendre que le racisme c'est pour les idiots. »

« Il faudrait être méchant avec ceux qui sont racistes pendant au moins un mois, et comme ça ils verraient ce que c'est que de subir le racisme. »

...erci à Anna, Baptiste, Emma, Iman, Mona, Popline et Rose.

Pour aller plus loin

Avec des livres

Le Racisme expliqué à ma fille,
Tahar Ben Jelloun, Seuil.
Très agréable à lire, avec des réponses
bien argumentées à des questions
d'enfants.

***Dictionnaire des racismes,
de l'exclusion et des discriminations***,
sous la direction d'Esther Benbassa,
coll. « À présent », Larousse.
Aucun sujet n'est laissé de côté
dans ce dictionnaire. Le seul
en France sur le sujet.
À lire avec tes parents.

***Le Racisme, de la traite des Noirs
à nos jours***, Philippe Godard,
coll. « Junior Histoire »,
Autrement Jeunesse.
Très complet et particulièrement
instructif. À lire avec tes parents.

Le Racisme, Jacques Tarnero,
coll. « Les Essentiels Milan », Milan.
Un peu plus difficile, mais bien
documenté et très complet.

De belles histoires

Le Rêve de Sam, Florence Cadier,
coll. « Scripto », Gallimard Jeunesse.

Sans raison particulière, Yaël Hassan,
coll. « Les uns les autres »,
Syros Jeunesse.

Kurt a la tête en cocotte-minute,
Erlend Loe, La Joie de lire.

***La Cour couleurs : anthologie
de poèmes contre le racisme***,
Jean-Marie Henry, coll. « La poésie »,
Rue du monde.

Le Chat de Tigali, Didier Daeninckx,
coll. « Mini Syros Polar », Syros
Jeunesse.

Sur le Web

www.sos-racisme.org
Le site très documenté de l'association
de lutte contre le racisme la plus
connue.

www.licra.org
Le site de la Ligue internationale contre
le racisme et l'antisémitisme.

www.citoyendedemain.net
Le site du centre de ressources dédié
à l'éducation citoyenne, qui concerne
notamment le problème du racisme.

www.thuram.org
Le site de la fondation Lilian Thuram
qui propose des outils pour mener des
projets d'éducation contre le racisme.

Index

Cet ouvrage a été réalisé par les Éditions Milan
avec la collaboration d'Élisée Georgev.

Conception graphique, mise en pages et couverture : Bruno Douin

Recherche et suivi iconographique : Anne Lauprête

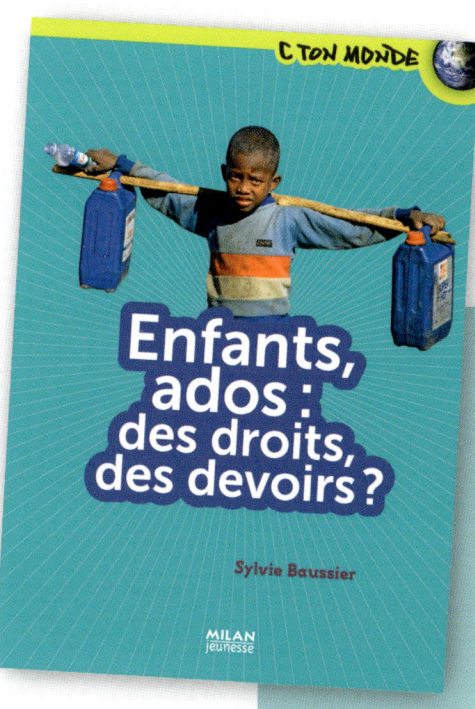

C TON MONDE

Enfants, ados : des droits, des devoirs ?

Sylvie Baussier

MILAN
jeunesse

Qu'est-ce qui est permis à ceux que la loi appelle les « enfants », c'est-à-dire les moins de 18 ans ? Qu'est-ce qui leur est interdit ? Qui décide de ce que tu as le droit de faire ?

Tu sais que tu n'as pas le droit de voler, mais que se passe-t-il si tu le fais quand même ?

Tu as des devoirs, mais aussi des droits, et heureusement ils sont de mieux en mieux reconnus. Quels sont ces droits ? Comment sont-ils appliqués dans le monde et en France ? Où et comment sont-ils le plus bafoués ? Ce livre va t'aider à y voir plus clair sur le respect que les autres te doivent, et sur le respect que tu dois aux autres.

Sylvie Baussier est l'auteur de nombreux ouvrages documentaires pour enfants.

ISBN : 978-2-7459-4699-7

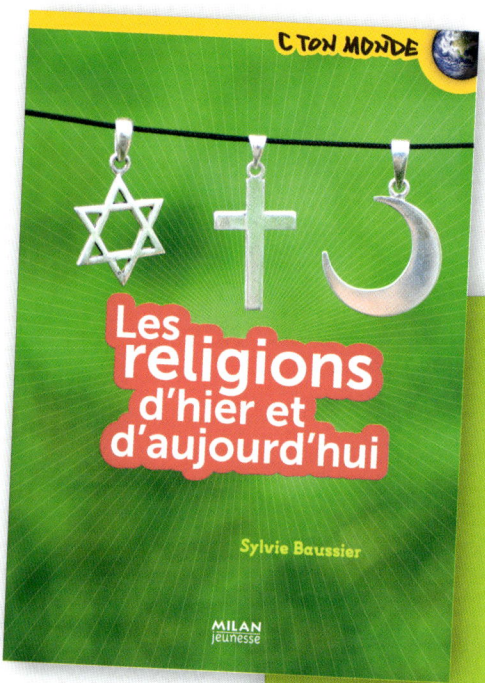

C TON MONDE

Les religions d'hier et d'aujourd'hui

Sylvie Baussier

MILAN
jeunesse

L'homme adore des dieux depuis la préhistoire ! Tu as sans doute entendu parler des religions disparues, comme celles de la Grèce antique ou de l'Égypte. D'autres religions, vivantes, sont beaucoup plus proches de toi : celles des chrétiens, des juifs, des musulmans, des hindous...
Même si tu ne pratiques aucune religion, tu vis au rythme du calendrier chrétien et de fêtes telles que Noël et Pâques. Et tu vois les terribles images de guerres que des hommes mènent au nom de leurs croyances...
Ce livre te propose de découvrir comment les religions ont tenu, et tiennent encore, une grande place dans l'histoire et la vie des hommes sur toute la planète.

Sylvie Baussier est l'auteur de nombreux ouvrages documentaires pour enfants.

ISBN : 978-2-7459-4701-7

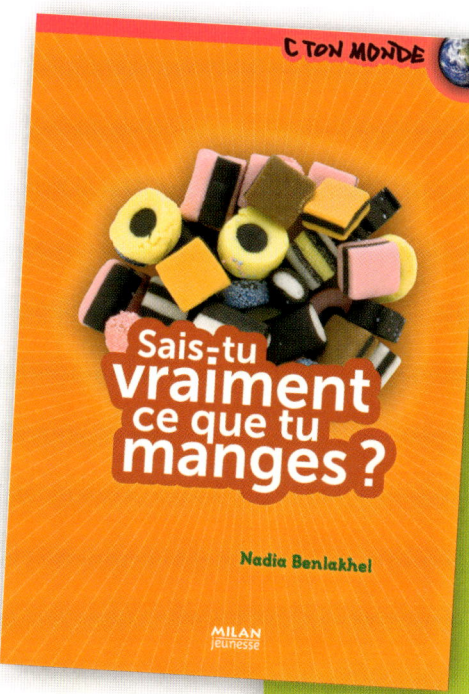

C TON MONDE

Sais-tu vraiment ce que tu manges ?

Nadia Benlakhel

MILAN
jeunesse

Vache folle, organismes génétiquement modifiés, poulet aux hormones, colorants, conservateurs : comment savoir ce que tu manges ? Apprends à lire un emballage, une étiquette de produit, et tu risques d'aller de surprise en surprise. Mais la nourriture, ce n'est pas que des OGM introduits dans ton assiette. Avec ce livre, tu apprendras également tous les secrets d'une bonne alimentation, celle qui donne le plein d'énergie et de vitalité. Prends ta fourchette en main pour devenir un consommateur averti et un maître de la gourmandise !

Nadia Benlakhel écrit pour diverses revues jeunesse.

ISBN : 978-2-7459-4698-0